BEI GRIN MACHT SICH IHR WISSEN BEZAHLT

- Wir veröffentlichen Ihre Hausarbeit, Bachelor- und Masterarbeit

- Ihr eigenes eBook und Buch - weltweit in allen wichtigen Shops

- Verdienen Sie an jedem Verkauf

Jetzt bei www.GRIN.com hochladen und kostenlos publizieren

Bibliografische Information der Deutschen Nationalbibliothek:

Die Deutsche Bibliothek verzeichnet diese Publikation in der Deutschen Nationalbibliografie; detaillierte bibliografische Daten sind im Internet über http://dnb.d-nb.de/ abrufbar.

Dieses Werk sowie alle darin enthaltenen einzelnen Beiträge und Abbildungen sind urheberrechtlich geschützt. Jede Verwertung, die nicht ausdrücklich vom Urheberrechtsschutz zugelassen ist, bedarf der vorherigen Zustimmung des Verlages. Das gilt insbesondere für Vervielfältigungen, Bearbeitungen, Übersetzungen, Mikroverfilmungen, Auswertungen durch Datenbanken und für die Einspeicherung und Verarbeitung in elektronische Systeme. Alle Rechte, auch die des auszugsweisen Nachdrucks, der fotomechanischen Wiedergabe (einschließlich Mikrokopie) sowie der Auswertung durch Datenbanken oder ähnliche Einrichtungen, vorbehalten.

Impressum:

Copyright © 2018 GRIN Verlag
Druck und Bindung: Books on Demand GmbH, Norderstedt Germany
ISBN: 9783668720602

Dieses Buch bei GRIN:

https://www.grin.com/document/427741

Jan Mark Budde

Gegenwärtige Positionen zur Hermeneutik des Alten Testaments aus der Systematischen Theologie am Beispiel von Gräb-Schmidt und Huizing

GRIN Verlag

GRIN - Your knowledge has value

Der GRIN Verlag publiziert seit 1998 wissenschaftliche Arbeiten von Studenten, Hochschullehrern und anderen Akademikern als eBook und gedrucktes Buch. Die Verlagswebsite www.grin.com ist die ideale Plattform zur Veröffentlichung von Hausarbeiten, Abschlussarbeiten, wissenschaftlichen Aufsätzen, Dissertationen und Fachbüchern.

Besuchen Sie uns im Internet:

http://www.grin.com/

http://www.facebook.com/grincom

http://www.twitter.com/grin_com

Westfälische Wilhelms-Universität Münster
Evangelisch-Theologische Fakultät
Interdisziplinäres Hauptseminar: Hermeneutik des Alten Testaments (WiSe 2017/18)
Studierender: Herr stud. theol. Jan Mark Budde
Abgabetermin des Essays: 26. März 2018

Gegenwärtige Positionen zur Hermeneutik des Alten Testaments aus der Systematischen Theologie am Beispiel von Gräb-Schmidt und Huizing

Hinführung zum Thema

Im Rahmen einer systematisch-theologischen Sitzung des interdisziplinären Hauptseminars zur Hermeneutik des Alten Testaments haben wir uns intensiv mit den Positionen von Prof. Dr. Elisabeth Gräb-Schmidt und Prof. Dr. Dr. Klaas Huizing aus der Systematischen Theologie auseinandergesetzt. Als Textgrundlage fungierten hierbei zwei Aufsätze aus dem Werk *Normative Erinnerung*[1] mit den jeweiligen Titeln *„Glauben und Verstehen – Kanon, kulturelles Gedächtnis und die hermeneutische Aufgabe der Theologie"*[2] sowie *„Die Weisheit als Kanon-Hermeneutin – Über die Lektoralisierung religiöser Erfahrung"*[3].

Struktur und Zielsetzung des Essays

Im ersten Teil dieses Essays soll eingehend die Position Gräb-Schmidts wiedergegeben werden, wobei im zweiten Teil auf die Auffassungen Huizings Bezug genommen werden soll. Zum Abschluss sollen dann darüber hinaus eine Gegenüberstellung und eine Herausarbeitung der Gemeinsamkeiten und Unterschiede der beiden systematisch-theologischen Auffassungen zur Hermeneutik des Alten Testaments erfolgen, wobei in einem kurzen Fazit die Frage geklärt werden soll, inwieweit die beiden Ansätze für die hermeneutische Aufgabe fruchtbar gemacht werden können. Es soll zum Abschluss die entscheidende Frage gestellt und beantwortet werden, welchen Beitrag die Systematische Theologie überhaupt zu einer Hermeneutik des Alten Testaments leisten kann. Auf eine biographische Einführung wird indes aus Rücksichtnahme auf die inhaltliche Fokussierung dieses Essays verzichtet.

---

[1] *Christof Landmesser / Andreas Klein* (Hrsg.): Normative Erinnerung – Der biblische Kanon zwischen Tradition und Konstruktion, Leipzig 2014.
[2] *Elisabeth Gräb-Schmidt*: Glauben und Verstehen – Kanon, kulturelles Gedächtnis und die hermeneutische Aufgabe der Theologie, in: Ebd., S. 131-150.
[3] *Klaas Huizing*: Die Weisheit als Kanon-Hermeneutin – Über die Lektoralisierung religiöser Erfahrung, in: Ebd., S. 101-129.

Elisabeth Gräb-Schmidts Position zur Hermeneutik des Alten Testaments

Elisabeth Gräb-Schmidt beginnt ihren Aufsatz mit einem kurzen Rekurs auf „Die Kanonisierung der biblischen Schriften" sowie auf die „Bemühungen um eine biblische Theologie"[4] und bezieht sich dabei vor allem auf die Positionen Franz Overbecks und Jörg Lausters. Zwischen dem Prinzip und der Methode könne man seit der Aufklärung eine ständige Andersgewichtung vernehmen, wobei insbesondere in der Exegese die Methode die führende Stellung für sich beanspruchen konnte.

Gräb-Schmidt teilt vollkommen die Auffassung Lausters, nach der die historisch-kritische Methode zwar einerseits für unverzichtbar gehalten, aber andererseits ihre Erkenntnisse in der Systematischen Theologie nur zu wenig Beachtung finden. Sie bedauert hiermit insbesondere den mangelnden interdisziplinären Austausch zwischen den exegetischen Disziplinen und der Systematischen Theologie, die ihrerseits schon ihrem Wesen nach auf die Forschungsergebnisse der historisch-kritischen Exegese angewiesen ist, um überhaupt selbst Forschungsarbeit leisten zu können und sich dabei möglichst nicht zu weit vom biblischen Kanon zu entfernen.[5]

Einzig Bultmann mit seinem sogenannten Enmythologisierungsprogramm war nach Gräb-Schmidt dazu imstande, „die Kontextbedingtheit des biblischen Textes und [...] seine Historizität festzuhalten"[6] Maßgeblich ist vor allem, dass Bultmann die Theologie stets aus der Perspektive der Geschichtlichkeit betrachtet hat, weshalb er mit seiner historisch-kritischen Methode auch verständlich machen konnte, welche kulturelle Relevanz alles Historische eigentlich besitzt. Vielmehr noch muss man Bultmanns Hermeneutik nach der Auffassung Gräb-Schmidts sogar noch als eine vertiefende Fortführung der lutherischen Hermeneutik auffassen, da das Historische mit seiner historisch-kritischen Methode noch viel präziser verortet werden konnte. Bultmanns Ansatz der Entmythologisierung ist für Gräb-Schmidt dazu in der Lage, auch den modernen Zweifeln am Schriftprinzip standzuhalten und dieses wieder einzusetzen.

Falk Wagners Leistung war es, dass er auf das christologische Defizit hingewiesen hat, welches dann besteht, wenn man die Geschichte Jesu alleinig versucht von seinem Auftreten und Wirken abhängig zu machen. Kritik an einer solchen Historisierung hält

---

[4] Vgl. *Elisabeth Gräb-Schmidt* (s. Anm. 2), S. 131.
[5] Vgl. Ebd., S. 132.
[6] Ebd., S. 133.

Gräb-Schmidt zwar für vollkommen angebracht, jedoch ist sie der Auffassung, dass es nicht ausreichend ist, wenn man der Historizität „einen prinzipienorientierten Grund"[7] entgegenstellt, da man hierdurch weder aller neuzeitlichen Kritik, noch dem Schriftprinzip oder dem Prinzip des Kanons gerecht werden könne.

Klaas Huizing vertritt mit seiner Rezeptionsästhetik einen gänzlich anderen Ansatz. Dieser nimmt seinen Anfang bei der Voraussetzung von Fiktionalität und versucht eine strikte Trennung zwischen Faktizität und Geltung herzustellen und postuliert diese letztendlich auch. Gräb-Schmidt kritisiert hierbei jedoch, dass diese Überwindung aber „unter der Leitperspektive der Geltungsfrage"[8] vollzogen und dadurch die Frage nach Historizität und Faktizität lediglich in einem neuen Licht erscheint.

Eine absolut herausragende Stellung nimmt für Gräb-Schmidt insbesondere das kulturelle Gedächtnis ein, wobei sie dafür plädiert, dass man sich den biblischen Texten zwar weiterhin zuwendet, aber nicht aus einer distanzierten Perspektive, sondern stets in Rückbezug auf die persönlichen Lebenserfahrungen und Vorstellungen, die man bei der individuellen Bibellektüre gewinnt. Nur so kann nach Gräb-Schmidt die historische Differenz zum Vorschein gebracht und „Bultmanns Forderung des >>Gleichzeitigwerdens<<"[9] entsprochen werden.

Die Hermeneutik Bultmanns leistet ihrer Ansicht nach einen entscheidenden Beitrag zur Hermeneutik des Alten Testaments, denn mit seinem Konzept der Entmythologisierung stellt Bultmann deutlich heraus, welche Bedeutung der hermeneutische Zirkel für das Interpretations- und das Offenbarungsgeschehen besitzt. In der Offenbarung wird deutlich, dass durch die individuelle Ursprungserfahrung Neues in Altem erfahrbar wird und dass die Vermittlung des Kanons stets auf Kommunikation angewiesen ist.

---

[7] Ebd., S. 134.
[8] Ebd., S. 134.
[9] Ebd., S. 135.

Klaas Huizings Position zur Hermeneutik des Alten Testaments

Klaas Huizing beginnt seinen Aufsatz mit dem Titel „*Die Weisheit als Kanon-Hermeneutin – Über die Lektoralisierung religiöser Erfahrung*"[10] mit einem Verweis auf Wolfhart Pannenberg, der schon im Jahr 1962 „Die Krise des Schriftprinzips" ausrief. Später griff auch Falk Wagner diese Auffassung auf und gehörte nach Huizing zu jenen Dogmatikern, die stets um die Emanzipation der Dogmatik vom Prinzip der Schriftgebundenheit bestrebt waren, da man der Ansicht war, dass man nur so die herausragende Bedeutung der Dogmatik im Kanon der theologischen Disziplinen wird halten können.

Demgegenüber stehen jedoch einige Exegeten und Vertreter der sogenannten Biblischen Theologie, die sich ihrem Selbstverständnis nach nicht alleinig als Historiker verstehen, sondern stets auch um die Klärung des theologischen Gehalts der Schrift bemüht sind und somit für eine enge Zusammenarbeit von Exegese und Systematischer Theologie eintreten.[11]

Klaas Huizing spricht sich sowohl gegen jene Systematiker, die sich bereits von der Schrift distanziert haben, als auch gegen jene Exegeten aus, die nichts von der Dogmatik hören wollen. Allein durch die interdisziplinäre Forschungszusammenarbeit können beide Disziplinen voneinander profitieren und ihre jeweiligen Erkenntnisse gegenseitig fruchtbar gemacht werden. Die Beschäftigung mit der Hermeneutik des Alten Testaments betrifft nicht nur die Alttestamentler, sondern auch alle Systematiker, die sich stets die Frage nach der Bedeutung des Alten Testaments innerhalb des biblischen Kanons und für die christliche Glaubenslehre generell zu stellen haben, um ihrem wissenschaftlichen Selbstverständnis gerecht werden zu können.

Für Klaas Huizing muss jedwede Hermeneutik des Alten Testaments aber nicht beim Historischen ansetzen, wie das zum Beispiel bei Gräb-Schmidt der Fall ist, sondern bei der Erkenntnis, dass die alttestamentlichen Erzählungen zuallererst literarische Fiktion sind. Zur Belegung seiner These zieht er die Auffassung des dänischen Alttestamentlers Niels Peter Lemche heran, der von der Fiktionalität des Alten Testaments überzeugt ist. Historisch-kritische Forschung am Alten Testament müsse deshalb stets ihren Ausgang

---

[10] *Klaas Huizing:* Die Weisheit als Kanon-Hermeneutin – Über die Lektoralisierung religiöser Erfahrung, in: *Christof Landmesser / Andreas Klein* (Hrsg.): Normative Erinnerung – Der biblische Kanon zwischen Tradition und Konstruktion, Leipzig 2014, S. 101-129.
[11] Vgl. Ebd., S. 102.

bei einer narratologischen Erzählanalyse nehmen und dürfe nicht mehr den ganzheitlichen Anspruch vertreten, ihrerseits die Geschichte Israels nachbilden zu können. Die einzelnen Bestandteile des alttestamentlichen Kanons können hierbei jedoch weiterhin als historische Größen verstanden werden. Die biblischen Texte erheben als solche keinen absoluten Autoritätsanspruch, sondern müssen aus dialektischer Perspektive heraus erschlossen und in der Kontextbedingtheit ihrer Entstehungssituation verstanden und auf den Verständnishorizont der Moderne bezogen werden, um für die heutige Leserschaft Geltung haben zu können. Dies ist nach Huizing die grundlegende Aufgabe jedweder Hermeneutik des Alten Testaments.[12]

Wenn man sich die Bedeutung und die Etymologie des Wortes Hermeneutik vergegenwärtigt, das ja vom altgriechischen Wort e``rmhneu,ein stammt und auf Deutsch etwa erklären, auslegen oder übersetzen bedeutet, muss man sich unvermeidlich bei der Entwicklung einer Hermeneutik die Frage nach dem Verstehen eines Textes und dem Zugang durch eine gewisse Leserschaft stellen. Für Huizing ist hierbei klar, dass wir keinen direkten Zugang zu den alttestamentlichen Texten mehr haben, sondern auf die theologischen Deutungen angewiesen sind, die sich aus der literarischen Fiktionalität dieser Texte ergeben.[13]

Aufgrund seiner literarischen Gestalt muss eine Hermeneutik des Alten Testaments nach Huizing aber auch stets von einem offenen Kanon ausgehen und darf nicht postulieren, dass späteren Generationen keine christliche Lebensdeutung mehr gelinge.

Einen normativen Anspruch kann der Kanon nach Huizing eben nur dann vertreten, wenn er darauf Rücksicht nimmt, dass jede Generation aufs Neue bei der Konfrontation mit der literarischen Fiktionalität der alttestamentlichen Texte für sich entdecken muss, wie die Gotteserfahrungen, die sich dort bieten, in die heutige Zeit übertragen werden können und ihrerseits verstanden werden wollen. Und wenn spätere literarische Werke wie Klopstocks „Messias" oder Martin Walsers „Muttersohn" ebenso einen Beitrag dazu leisten, dann darf sich eine Hermeneutik des Alten Testaments nicht davor verschließen.[14]

---

[12] Vgl. Ebd., S. 108.
[13] Vgl. Ebd., S. 111.
[14] Ebd., S. 129.

Vergleich der Positionen Gräb-Schmidts und Huizings zur Hermeneutik des AT

Auf den ersten Blick mag es scheinen, dass die Positionen von Elisabeth Gräb-Schmidt und Klaas Huizing nicht unterschiedlicher sein könnten.

Auf der einen Seite ist da Gräb-Schmidt, die sich in ihrem Ansatz des kulturellen Gedächtnisses sehr stark an der Bultmannschen Hermeneutik orientiert und diese wiederum weiterführt.

Und auf der anderen Seite gibt es den rezeptionsästhetischen Ansatz Klaas Huizings, der seinerseits von der literarischen Fiktionalität des alttestamentlichen Kanons ausgeht und sich für die Offenheit des Kanons und für seine Erschließung aus dialektischer Perspektive ausspricht.

Doch schaut man genauer hin, wird schnell ersichtlich, dass beide Ansätze induktiv und nicht deduktiv angelegt sind. Sie setzen beide beim Kanon selbst an und werfen zuerst die Frage auf, inwieweit dieser überhaupt verstanden werden will. Sowohl für Gräb-Schmidt, als auch für Huizing ist klar, dass der biblische Kanon keinen Anspruch auf absolute Geltung verficht, sondern darum bemüht ist, individuelle Gotteserfahrungen aufzuzeigen und Beispiele für die Bezogenheit der menschlichen auf die göttliche Existenz zu liefern und mit ihnen Glaubenserfahrungen zu illustrieren.

Für Huizing geschieht dies in erster Linie durch die literarische Fiktionalität, die den alttestamentlichen Texten innewohnt und für Gräb-Schmidt insbesondere im Offenbarungsgeschehen, das sich im biblischen Kanon vollzieht sowie durch die Ursprungserfahrung. Dieses Offenbarungsgeschehen bleibt als solches nicht in sich selbst hermetisch abgeschlossen, sondern vollzieht sich aus der Perspektive des individuellen kulturellen Gedächtnisses bei der Bibellektüre und im persönlichen Alltag immer wieder neu.

In meinen Augen ist sehr deutlich zu erkennen, dass beide Ansätze vor allem die Interessen der Dogmatik an eine Hermeneutik des Alten Testaments im Blick haben, wenn sie es für die entscheidende Frage halten, inwieweit eine Hermeneutik des Alten Testaments vor allem einen wertvollen Beitrag zur Vergegenwärtigung der biblischen Texte für das individuelle Glaubensverständnis der Leserin, respektive des Lesers, leisten kann.

Seitens der alttestamentlichen Wissenschaft muss das Interesse hingegen eher als ein Historisches definiert werden, das darum bemüht ist, mithilfe einer Hermeneutik des Alten Testaments aufzuzeigen, welche Relevanz das Alte Testament für den biblischen Kanon innerhalb der christlichen Gemeinschaft auch in der heutigen Zeit noch besitzt und überhaupt als Grundlage für das Betreiben aller wissenschaftlichen Theologie angesehen werden muss. Es geht hierbei also auch um die Verteidigung und die Behauptung des Anspruches einer gewissen Stellung und eines gewissen Renommees innerhalb des theologischen Fächerkanons seitens der alttestamentlichen Wissenschaft. Die Fragen nach der Autorität der Schrift, nach der Einheit des Kanons und der Bedeutung des Schriftprinzips sind von existenzieller Art für die exegetisch-theologische Arbeit, da eine Negierung des Anspruches auf Relevanz der alttestamentlichen Texte für den modernen liturgischen Gebrauch in Kirche und Gemeinden dieser jedwede Sinngrundlage entziehen würde.

Resümee: Welchen Beitrag kann die Systematische Theologie überhaupt zu einer Hermeneutik des Alten Testaments leisten?

Die hermeneutische Aufgabe ist jedoch auch für die Systematische Theologie von existenzieller Art, da die Entwicklung einer Dogmatik und auch das Gewinnen von ethischen Erkenntnissen auf die Ergebnisse seitens der exegetischen Forschungsarbeit angewiesen ist, um einen gewissen Glaubwürdigkeitsanspruch nicht zu verfehlen.

Dies zeigt Huizing insbesondere mit der Charakterisierung einzelner Stereotypen von Systematikern und Exegeten auf den Seiten 102 und 103 seines Essays auf. Sowohl die sogenannten „Schriftdistanzierten Systematiker", als auch die „Dogmatikdistanzierten Exegeten" werden den Ansprüchen nicht gerecht, die unsere moderne Gesellschaft an das Betreiben wissenschaftlicher Theologie stellt. Alleinig die Vertreter der Biblischen Theologie können im interdisziplinären Austausch und durch das Führen von kontroversen Debatten zu fruchtbaren Ergebnissen für die wissenschaftliche Theologie kommen und im Zusammenspiel eine Hermeneutik des Alten Testaments entwickeln.

Diese Erkenntnis wird sowohl im Ansatz Gräb-Schmidts, als auch in der Position Huizings sehr deutlich. Als Systematiker vertreten beide die grundlegende Auffassung von der unbestreitbaren Bedeutung einer Hermeneutik des Alten Testaments für die systematisch-theologische Arbeit.

Da das Dasein auch immer als historisch definiert werden muss, kann man für Gräb-Schmidt nicht einfach die historische von der dogmatischen Methode trennen, da sich diese wechselseitig beeinflussen. Die individuelle Bibellektüre kann nicht durch die historische Kontextualisierung des Textes ersetzt werden, wobei jene wiederum nicht die Ursprungserfahrung ersetzen kann. Diese kann für Gräb-Schmidt aber nicht mit Fiktionalität gleichgesetzt werden.

Die eschatologische Kategorie, die schon Bultmann in seiner Hermeneutik postuliert, ist beispielsweise gemäß Gräb-Schmidt dazu in der Lage, eine Begründung für das Festhalten am biblischen Kanon zu liefern. Alle Urteils- und Verstehensprozesse müssen nämlich stets aus der Perspektivgebundenheit der jeweiligen Leserschaft verstanden werden, also zuallererst unter der Frage der persönlichen Aneignung beleuchtet werden.[15]

Dies ist in meinen Augen am Beispiel der Position Elisabeth Gräb-Schmidts ein gelungener Beweis dafür, inwieweit die systematisch-theologische Wissenschaft ihren Beitrag zur Entwicklung einer Hermeneutik des Alten Testaments leisten und damit die alttestamentliche Wissenschaft unterstützen und entlasten kann.

Und auch Klaas Huizing illustriert in seinem Ansatz, dass jegliche Hermeneutik des Alten Testaments auch immer auf die Systematische Theologie angewiesen ist.

Für ihn steht fest, dass die Einheit des Kanons aus der Einsicht in die Fiktionalität der alttestamentlichen Texte seitens der Kanongestalter resultiert und für diese genau in jenen Texten Gotteserfahrungen sichtbar werden, die für sie eine viel größere Bedeutung als der Anspruch auf Historizität einnehmen. Eine entscheidende Stellung nimmt hierbei nach der Auffassung Huizings die Weisheitsliteratur ein, da sie stets um die Inszenierung von Transzendenzerfahrungen bemüht ist. Somit kann an der Normativität des Kanons auch nur dann festgehalten werden, sofern er alle diese Erfahrungsmomente des göttlichen Daseins beleuchtet. Einer Öffnung des Kanons darf man sich hierbei jedoch nicht verschließen.[16]

Huizing leistet hiermit einen wichtigen Beitrag zur Hermeneutik des Alten Testaments, da er klar die Erwartungen formuliert, die aus der Systematischen Theologie gestellt werden und an seiner Position gut ersichtlich wird, welchen bedeutsamen Beitrag die Systematische Theologie zu einer Hermeneutik des Alten Testaments leisten kann.

---

[15]Vgl. *Elisabeth Gräb-Schmidt*: Glauben und Verstehen – Kanon, kulturelles Gedächtnis und die hermeneutische Aufgabe der Theologie, in: *Christof Landmesser / Andreas Klein* (Hrsg.): Normative Erinnerung – Der biblische Kanon zwischen Tradition und Konstruktion, Leipzig 2014, S. 146-147.
[16]Vgl. *Klaas Huizing*: Die Weisheit als Kanon-Hermeneutin – Über die Lektoralisierung religiöser Erfahrung, in: Ebd., S. 127-129.

Literaturverzeichnis

Christof Landmesser / Andreas Klein (Hrsg.): Normative Erinnerung – Der biblische Kanon zwischen Tradition und Konstruktion, Leipzig 2014.

Elisabeth Gräb-Schmidt: Glauben und Verstehen – Kanon, kulturelles Gedächtnis und die hermeneutische Aufgabe der Theologie, in: Ebd., S. 131-150.

Klaas Huizing: Die Weisheit als Kanon-Hermeneutin – Über die Lektoralisierung religiöser Erfahrung, in: Ebd., S. 101-129.

BEI GRIN MACHT SICH IHR WISSEN BEZAHLT

- Wir veröffentlichen Ihre Hausarbeit, Bachelor- und Masterarbeit

- Ihr eigenes eBook und Buch - weltweit in allen wichtigen Shops

- Verdienen Sie an jedem Verkauf

Jetzt bei www.GRIN.com hochladen und kostenlos publizieren